STATUE

DE

NAPOLÉON Ier.

AUXONNE, IMP. DE X.-T. SAUNIÉ.

STATUE

de

NAPOLÉON IER,

A AUXONNE,

NOTICE HISTORIQUE

PAR M. J. BERNARD,

Principal du Collège de cette ville

AUXONNE,

X.-T. SAUNIÉ, IMPRIMEUR-LIBRAIRE-ÉDITEUR.

1857.

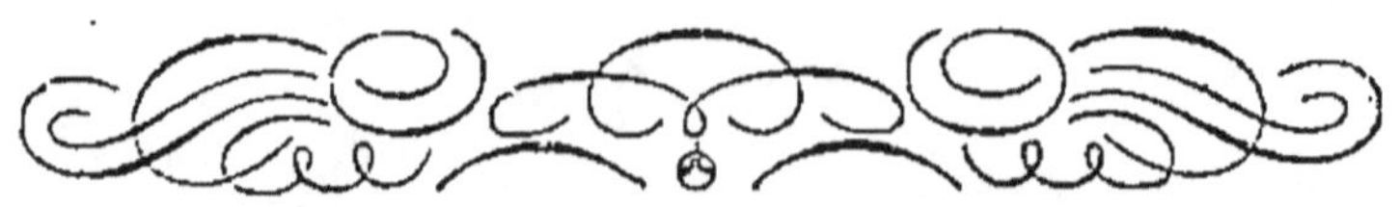

STATUE

DE

NAPOLÉON Iᵉʳ.

LE 15 août 1769, naquit à Ajaccio, d'une famille originaire d'Italie, un enfant qui jeta sur son pays et sur sa maison, le plus vif et le plus durable éclat. C'était Napoléon Bonaparte, dont la renommée a porté le nom dans toutes les contrées du monde. Elevé à l'école militaire de Brienne, il passa ensuite à celle de Paris, et il fut nommé lieutenant d'artillerie en 1785. Ce fut en cette qualité qu'il vint à Auxonne le 1er mai 1788, prendre rang dans son régiment, celui de la Fère, qui y tenait alors garnison, et qu'il séjourna dans notre ville, avec deux de ses frères plus jeunes que lui, dont il soignait l'éducation. C'est le 1er avril 1791, qu'il fut nommé capitaine à la 12e compagnie du régiment de Grenoble.

Si Napoléon Bonaparte, général en chef des armées de la république, puis consul, empereur et roi, appartient à la France par sa gloire et par son génie; Bonaparte, lieutenant d'artillerie, appartient à Auxonne, par les relations de sa jeunesse; c'est dans cette ville qu'il a passé les premières années de sa carrière ; c'est ici qu'il a débuté, comme officier, et préludé par de savantes et laborieuses études à la prodigieuse élévation de sa fortune.

La ville d'Auxonne dut à l'école d'artillerie qu'elle possédait alors et d'où sont sortis tant de généraux distingués, l'honneur d'abriter dans ses murs l'émule d'Alexandre, de César et de Charlemagne. Cette circonstance protégea son arsenal de construction contre le projet arrêté par le directoire exécutif de le transférer à Rennes. Un des premiers usages que fit Bonaparte de son pouvoir consulaire, fut de révoquer la mesure résolue par le gouvernement auquel il venait de succéder, et pendant toute la durée du Consulat et de l'Empire l'existence de l'arsenal et de l'école ne fut jamais inquiétée. Mais la Restauration qui n'avait aucun souvenir personnel à rattacher à cet établissement, cédant à des sollicitations passionnées, sans valeur réelle, nous arracha d'un trait de plume et notre arsenal et notre école. L'arrêt spoliateur de 1829 sera-t-il irrévocable? La ville d'Auxonne doit-elle renoncer à tout espoir de recouvrer un jour ce qui a fait si long-temps son orgueil et sa prospérité? Nous ne le pensons pas. Les intérêts généraux de l'Etat plaident en ce moment la cause de nos droits, et nous avons lieu d'espérer que Napoléon III, dans un avenir prochain , nous rendra ce que l'affection de Napoléon

Ier nous avait consacré, ce que nous n'avons jamais mérité de perdre.

Au reste, quelle que soit l'injustice dont nous sommes encore les victimes, et, peut-être même en raison de cette injustice, la mémoire de l'Empereur nous est restée chère, et la pensée de perpétuer par un monument digne de lui le souvenir du séjour qu'il a fait dans nos murs s'est produite à des époques bien différentes. Cette pensée reçut même en 1801 un commencement d'exécution. Les annales de l'hôtel-de-ville nous ont conservé les détails minutieux d'une fête brillante célébrée à l'occasion de l'inauguration d'un buste de Bonaparte, ouvrage d'un sculpteur de Dijon. Ce buste qui avait été déposé à la mairie au milieu des acclamations de la population toute entière n'a point survécu à la fortune du grand homme dont il reproduisait les traits. Il a été brisé en 1815 par le fanatisme brutal et stupide d'un commissaire de police : comme s'il suffisait de réduire en poudre du bronze ou du marbre, pour effacer de la mémoire des hommes et sur-tout des Français , les merveilles accomplies par le grand et immortel Empereur.

Toutefois ce buste , premier hommage solennellement rendu par nos pères au conquérant de l'Italie et de l'Egypte, ne leur parut plus suffire au chef glorieux d'une nouvelle dynastie. Dès 1806 il fut question d'élever à l'entrée de la ville, à la tête du pont, un arc de triomphe monumental. Des dessins furent faits par plusieurs personnes, entre autres par un ingénieur en chef du département, et par M. Baillet, professeur de dessin à Auxonne. Des plans furent arrêtés; mais il n'y eut pas commencement d'exécution.

De 1815 à 1830, les idées napoléoniennes n'étaient pas en faveur. Sans répudier les gloires de l'Empire, le monde officiel ne professait pour l'Empereur qu'une admiration latente. Notre ville, malgré sa sympathie pour des souvenirs qui lui étaient restés chers, ne pouvait songer à les consacrer par un monument, même très-modeste. La révolution de 1830 changea la situation; pourtant ce ne fut qu'en 1840, qu'il se forma à Dijon une commission dans le but d'élever une statue à l'Empereur. Une souscription fut ouverte ; le conseil municipale d'Auxonne s'inscrivit pour une somme de 5,000 francs, mais à la condition que le monument serait érigé à Auxonne, seul point du département où il avait sa raison d'être. Cette condition allait à l'encontre des idées de la commission formée à Dijon ; elle ne fut point acceptée, et les ressources trop insuffisantes de la souscription ne permirent pas d'ériger une statue. On se contenta d'un buste qui se trouve encore au chef-lieu du département.

En France, l'instabilité des pouvoirs est douloureusement merveilleuse. Au

gouvernement de juillet succéda la république, et sur les ruines de la république s'éleva un second Empire qui
remit en vigueur presque toutes les
institutions du premier. Le dévouement à la cause napoléonienne, puisa
dans les circonstances nouvelles un
aliment nouveau et puissant. Le moment était opportun pour la ville
d'Auxonne de reprendre ses projets
à l'effet d'honorer celui que nos pères,
dans une adresse naïvement enthou-
siaste appelaient leur compatriote. Le
15 mai 1853, notre conseil municipal,
sur la proposition d'un de ses membres, adopta la résolution suivante :

« Considérant qu'au début de sa
» carrière, l'empereur Napoléon Ier a
» passé plusieurs années de sa vie

» dans les murs d'Auxonne, où il
» s'est préparé par l'étude et la mé-
» ditation aux grandes et glorieuses
» choses qu'il a accomplies plus
» tard ;

» Qu'il importe à l'illustration de
» cette ville que ce souvenir soit con-
» sacré par un monument durable et
» digne du grand homme auquel il se
» rapporte ;

» Qu'un monument de cette nature
» sera d'autant plus précieux pour le
» pays qu'il sera l'œuvre d'un enfant
» de la Bourgogne ;

» *Emet le vœu* qu'une statue en
» bronze soit élevée sur la place d'Au-
» xonne, à l'empereur Napoléon Ier,
» le représentant sous les traits de la
» jeunesse, et dans le costume d'officier

» d'artillerie qu'il portait lors de son
» séjour dans cette ville;

» Que l'exécution de ce travail soit
» confiée à l'habileté de M. Jouffroy
» de Dijon, statuaire célèbre, qui
» offre généreusement le concours de
» son talent pour l'exécution de cette
» œuvre patriotique, et qui a déjà
» reproduit avec bonheur les traits
» de Napoléon jeune, dans un buste
» en marbre qui fait aujourd'hui par-
» tie des richesses du musée de Di-
» jon.

» En conséquence, le conseil donne
» tout pouvoir à M. le maire à l'effet
» de solliciter au nom de la ville, de
» Sa Majesté l'Empereur, l'autorisa-
» tion nécessaire pour l'exécution du
» monument dont il s'agit, et pour,

» après cette autorisation obtenue,
» inscrire la ville d'Auxonne pour une
» somme de 5,000 francs, en tête de
» la liste de souscription qui sera ou-
» verte pour réunir les fonds néces-
» saires à l'exécution du monument. »

Cette délibération fut accueillie par
M. le préfet avec une patriotique sa-
tisfaction, et du moment que ce ma-
gistrat eût obtenu du gouvernement le
décret d'autorisation nécessaire, pour
donner au projet de la ville d'Auxonne
le caractère d'une manifestation na-
tionale, il institua une commission
composée des personnages les plus
éminents, autorisa une souscription en
tête de laquelle il s'inscrivit lui-même,
demanda au conseil général de s'as-
socier, par un vote de fonds, à une

œuvre toute de dévouement à la cause napoléonienne, et appela les communes du département à voter, dans les limites de leurs ressources budgétaires, les sommes qu'elles jugeraient convenables, pour concourir à l'exécution d'une pensée qui intéressait tout le pays.

Aucune souscription n'eut été ouverte que la pensée d'ériger une statue à l'Empereur n'en eut pas moins été exécutée. Car si, comme l'a dit autrefois un ministre : la France est assez riche pour payer sa gloire, la ville d'Auxonne de son côté est assez riche pour payer les monuments qu'elle élève, surtout lorsqu'en consacrant les glorieux souvenirs du passé, ils contribuent à l'orner et à l'embellir.

Une ville qui, en moins d'un demi-siècle, a dépensé près de deux millions, en frais de casernement, et dans l'espoir malheureusement déçu de conserver son école d'artillerie, ne marchande pas quand il s'agit de s'honorer elle-même, en honorant l'homme prodigieux qui fut son hôte, avant de présider aux destinées du pays. Le monument à élever à l'empereur Napoléon Ier, dans le lieu de son berceau militaire pouvait se passer de souscription; il avait été décidé par l'unanimité du conseil, organe légal des vœux de la cité; il devait être exécuté, et il l'est en effet aujourd'hui, dans les meilleures conditions.

Voici l'arrêté de M. le préfet, qui institue la commission :

Nous, préfet de la Côte-d'Or,

Vu le décret impérial du 25 novembre 1853, qui approuve une délibération en date du 18 mai précédent, par laquelle le conseil municipal d'Auxonne a émis le vœu qu'une statue en bronze fut élevée à l'empereur Napoléon Ier, sur la place de cette ville ;

Considérant qu'il importe de prendre les mesures nécessaires pour réaliser ce projet national ;

Arrêtons :

Art. 1er. — Une commission est instituée, sous notre présidence, pour vieiller à l'exécution de la statue à élever à Auxonne, à la mémoire de l'empereur Napoléon Ier, et pour recueillir et centraliser les souscriptions.

Art. 2. — Sont nommés membres de cette commission :

MM. le général de division, commandant la 7ᵉ division militaire à Besançon ;

Muteau, premier président de la cour impériale de Dijon ;

Le général Vaudrey, sénateur, aide-de-camp de l'Empereur ;

Mgr. l'Evêque de Dijon ;

Le général commandant la subdivision militaire à Dijon ;

Le général comte Paulin, maire de Saint-Léger ;

Vernier, député ;

Ouvrard, député ;

André, maire de Dijon ;

Giret, maire d'Auxonne ;

Boussey, notaire, membre du conseil municipale d'Auxonne ;

Jouffroy, sculpteur ;

Suisse, architecte du département ;

Phal-Blando, architecte-voyer d'Auxonne ;

Noblet, receveur municipal, tréso-
rier à Auxonne.

Fait à Dijon, le 7 janvier 1854.

Un nouvel arrêté, postérieur de quelques jours, ajoute à la liste des membres, M. Huart, recteur de l'Académie de Dijon, et plus tard, M. Cournot, successeur de M. Huart.

La commission s'étant réunie à Dijon, sous la présidence de M. le préfet, s'est constituée définitivement en nommant un secrétaire, M. Vernier, et vice-président, M. Giret, maire d'Auxonne, qui n'a rien négligé pour hâter l'exécution du monument. La commission a décidé que la statue et les bas-reliefs seraient confiés à M. Jouffroy, et le piédestal à M. Phal-Blando. Ces deux artistes ont mis à remplir la mission honorable qu'ils recevaient, tout le soin et tout le talent dont ils sont capables. Leur œuvre est maintenant exposée à tous les regards; le champ de la critique est ouvert; mais nous le disons avec bonheur, nous avons entendu louer, et louer beaucoup, le piédestal et les bas-reliefs. La statue ne devant être découverte qu'au jour de l'inaugura-tion solennelle, échappe, au moment où nous écrivons cette notice, à toute appréciation raisonnée. Mais nous avons lieu de penser qu'elle répond au reste du monument, et qu'elle est digne à la fois et du talent de l'artiste distingué qui l'a conçue, et du héros qu'elle représente.

Cette statue, qui selon le vœu émis par le conseil municipal, et approuvé par la commission, reproduit l'Empereur sous les traits de la jeunesse, et sous le costume de lieutenant d'artillerie, avec l'uniforme du temps, a trois mètres d'élévation. Elle est placée sur un piédestal, composé de deux parties distinctes, raccordées entre elles avec élégance. Ce piédestal, en pierre tirée de la carrière de Comblanchien, susceptible de recevoir un très-beau poli, a la forme d'un octogone irrégulier. Dans les faces les plus larges sont incrustés de riches bas-reliefs, dont nous ferons tout-à-l'heure con-

naître les sujets, et dont nous donne-
rons l'explication historique, en ra-
contant sommairement les faits mémo-
rables qu'ils rappellent et consacrent.
Les faces les moins larges sont sur-
montées de consoles sculptées, reliées
entre elles par des guirlandes de feuil-
lage ciselées avec soin, et sur ces consoles reposent des aigles en bronze
soulevant légèrement leurs ailes comme pour essayer de prendre leur essor.
La partie supérieure du piédestal pré-
sente les mêmes formes que la partie
inférieure; mais avec des dimensions
réduites; enrichi, à ses faces principales d'N en relief, entourées de cou-
ronnes de laurier d'où s'échappent
des banderolles, il se termine par un
torse qui se marie heureusement avec

la multitude d'ornements variés, dont l'artiste a décoré toute son œuvre. A sa base, le piédestal s'élargit considérablement, au moyen d'une espèce de plate-forme, en pente douce, de figure octogonale et régulière, terminée par un socle en pierre de taille, que surmonte une grille de fer très-élégante et très-bien exécutée, sur les dessins de l'artiste, par M. Ignard, entrepreneur de notre ville. En dehors de cette grille, et un peu au-dessous du socle, se développe un trottoir bitumé qui sert, comme dirait M. Joseph Bard, de trait d'union entre le sol de la place et la base du monument.

Nous n'avons pas la prétention de juger par nous-même du mérite artistique de ce travail considérable, mais nous sommes heureux de constater qu'il a fait sur la plupart de ceux qui l'ont vu une impression excellente, et qu'il a jusqu'alors rencontré beaucoup d'admirateurs et peu de critiques. De la base au sommet, le monument a 8^m, 75 centimètres de hauteur et produit un bon effet en face de notre hôtel-de-ville, coquettement restauré.

———

Les sujets des bas-reliefs qui ornent le piédestal ont été fort judicieusement choisis par la commission. A l'exception d'un seul qui se rattache d'une manière intime à notre localité, les autres sont empruntés aux circonstances les plus saillantes de la république, du consulat et de l'empire C'est à Auxonne une tradition pieusement conservée, que le jeune Bonaparte aimait à se délasser de son service militaire par des promenades à la campagne. On peut lire dans le livre publié par M. Pichard, ancien maire d'Auxonne, les détails de cette existence, alors si paisible, et plus tard absorbée par les grands intérêts du pays, par sa gloire et sa prépondérance en Europe. Nous ne répèterons pas ici ce qui a été dit mieux que nous ne pourrions le dire nous-même et avec plus d'autorité par un enfant de cette cité, qui aime sa ville natale, et qui ne laisse passer aucune occasion de la glorifier. Nous dirons seulement que M. Jouffroy a caressé avec une tendre prédilection cette figure de jeune homme, à la fois douce et grave, sereine et recueillie, ainsi que nous la présentent les traditions locales, méditant à l'ombre d'un chêne séculaire, près de l'antique chapelle de la levée. Nous serait-il permis, à propos de ce bas-relief, si saisissant et si pur, de former le vœu, que la chapelle où l'Empereur aimait à se reposer et à méditer, fût acquise par la ville, et rétablie telle qu'elle était à l'époque du séjour de l'Empereur dans nos murs. La conservation de cette petite chapelle nous semble un devoir de piété et de reconnaissance, et le digne complément du monument qui vient d'être élevé sur notre place publique. Elle serait, pour les habitants d'Auxonne, et pour les étrangers qui viendraient nous visiter, un lieu de pélérinage où le patriotisme de tous s'exalterait au souvenir de l'homme providentiel qui a tant aimé la France, et l'a couverte de tant de gloire.

Le second bas-relief, dans l'ordre des dates, se rattache à un des plus brillants faits d'armes de la campagne d'Italie, si féconde en prodiges de génie du côté du général en chef, et de bravoure du côté de notre armée. Il nous représente Bonaparte, un drapeau à la main, se jetant sur le pont d'Arcole, au milieu des balles et de la mitraille. Les lecteurs de cette notice ne nous sauront pas mauvais gré de raconter les principales circonstances de cette mémorable affaire.

Nommé à 25 ans général en chef de l'armée d'Italie, Bonaparte n'eut pas plutôt pris le commandement des troupes, qu'il jette à ses soldats une de ces proclamations qui les électrise. Il pousse en avant, tourne les Alpes qu'il ne pouvait franchir, sans de grandes difficultés, et sans des lenteurs compromettantes pour le succès de ses plans. Par cette habile manœuvre, il tombe sur les Piémontais et sur les Autrichiens qu'ils divisent, force les premiers à une capitulation, convertie quelques jours après en un traité de paix, et poursuit les seconds qu'il refoule jusque dans les montagnes du Tyrol. A cette armée vaincue et dispersée succéde une autre armée plus nombreuse et plus aguerrie, commandée par Wurmser, le meilleur général de l'Autriche. Bonaparte l'attaque avec son impétuosité ordinaire, le met en déroute et l'aurait forcé à une honteuse capitulation, si un pont oublié sur l'Adige, n'eût laissé à l'ennemi le moyen de s'échapper et de pénétrer dans Mantoue.

Mais l'Autriche ne se résigne point à perdre l'Italie; elle met sur pied une nouvelle armée de 60,000 hommes, dont elle donne le commandement à Alvinzi. Notre armée réduite à 15,000 hommes était menacée des plus grands dangers. Bonaparte fait un effort désespéré contre Caldiëro, où les Autrichiens s'étaient solidement établis, et craignant pour sa gauche, il rentre dans Véronne. Les Autrichiens se préparaient à attaquer cette place et montraient déjà les échelles qui devaient leur servir pour escalader les murs de la ville. Les Véronnais ne cachaient pas leur joie; ils se croyaient sûrs d'être délivrés des Français.

La position paraissait en effet désespérée; nos soldats attendaient, avec une anxiété douloureuse, les ordres du général en chef. Ces ordres sont enfin donnés. Le 14 novembre 1796, au commencement de la nuit, l'armée se met en marche, dans le plus profond silence; mais c'est par la porte de Milan qu'elle sort de Vérone : mais c'est aussi la route de France, la route de la retraite. Bonaparte abandonne-t-il donc là partie? voilà ce que se demandent nos braves soldats et leur cœur saigne à la pensée qu'ils vont quitter en fugitifs cette terre, où ils ont versé tant de sang et accompli tant de prodiges. Mais tout-à-coup le général en chef tourne à gauche, longe l'Adige et descend jusqu'à Ronco, y passe le fleuve et s'établit au milieu de marais que coupent d'étroites chaussées. La confiance renaît dans les cœurs; nos soldats battent des mains; ils ont compris le plan de leur général, qui par une de ces combinaisons audacieuses et profondes transportait le théâtre de la lutte sur un terrain où le nombre était annulé, où le courage des têtes de colonne devait décider de tout.

Bonaparte partage ses troupes en deux corps dont il donne le commandement à Augereau et à Masséna. Augereau s'avance sur la chaussée de droite, qui conduit sur les derrières d'Alvinzi et qui est coupée par le pont d'Arcole. Il essaie de franchir ce pont, mais il est repoussé par une terrible fusillade dirigée de la rive opposée par des bataillons de Croates. Une division d'Autrichiens marche contre lui; quand il la voit bien engagée, il lance les soldats, culbute l'ennemi, en jette une partie dans les marais et poursuit le reste à outrance; il espérait franchir avec les fuyards le pont d'Arcole, mais un feu plus meurtrier encore, le rejette en arrière. En vain saisissant un drapeau, il se précipite en avant, suivi de ses intrépides soldats ; une grêle épouvantable de balles et de mitraille, le ramène encore. Sa colonne se replie et nos soldats épuisés descendent sur le talus de la digue pour se mettre à l'abri du feu.

Cependant Alvinzi a compris le danger qui le menace. C'en était fait de ses parcs et de ses minutions, si les Français venaient à franchir le pont d'Arcole ; il n'hésite plus ; il s'ébranle et se met en retraite. Bonaparte apercevant ce mouvement, voit avec douleur de grands résultats lui échapper. — « Il » s'élance alors au galop, arrive près du » pont, se jette à bas de cheval, s'approche » des soldats qui s'étaient tapis sur le bord » de la chaussée , les ranime par de mâles » paroles , et saisissant un drapeau , il leur » crie : *Suivez votre général.* A sa voix, un » certain nombre de soldats remontent sur » la chaussée et le suivent. Malheureusement » le mouvement ne s'est point communiqué » à toute la colonne. Bonaparte, le drapeau » à la main , se précipite sur le pont, suivi » de ses généraux ; le jeune Muiron, son » aide-de-camp, tombe mort à ses pieds. » La colonne allait franchir l'obstacle, quand » une décharge plus épouvantable de mi- » traille la coupe en deux ; la queue aban-

» abandonne la tête, les soldats restés auprès
» de Bonaparte, l'emportent au milieu du
» feu et de la fumée. »

Le pont fut tourné ; mais Alvinzi avait eu
le temps de ramener ses troupes dans une
position meilleure et de mettre ses parcs à
l'abri de uos coups.

La bataille d'Arcole est l'épisode le plus
intéressant de cette longue et mémorable
épopée qui a jeté sur la France et sur l'Empereur tant d'éclat et de gloire.

Aucune bataille n'a frappé plus vivement
l'imaginationet commandé à un plus haut de-
gré l'admiration publique. Aux 40,000 hommes d'Alvinzi, Bonaparte n'avait à opposer
que 15,000 hommes épuisés déjà par trois
armées, qu'ils avaient détruites en douze
batailles rangées. et en plus de soixante
combats. Son patriotisme et son génie ne
mesurent pas les difficultés de la situation.
S'il a peu de soldats, il les a braves, intrépides, dévoués, marchant la nuit, se battant
le jour, se multipliant au prix des plus in-
croyables fatigues, pour conserver à la France
cette terre d'Italie, conquise par leur sang.
Aucune victoire ne fit sur l'esprit de la nation une plus vive et plus profonde impression. Partout on représentait le jeune général un drapeau à la main, s'élançant au
milieu du feu et de la fumée ; on célébrait

l'héroïsme déployé au pont d'Arcole par nos soldats, par Augereau, par Bonaparte. Les conseils déclarèrent que l'armée d'Italie avait encore bien mérité de la patrie, et ils décidèrent que les drapeaux pris par Augereau et Bonaparte, leur seraient donnés pour être conservés dans leurs familles. Noble récompense qui perpétuait chez les descendants de deux héros la gloire acquise par leurs aïeux ! On se croit transporté aux plus beaux temps des républiques-antiques, où Miltiade pour avoir sauvé sa patrie à Marathon, reçut en récompense l'honneur d'être représenté à la tête de ses collègues, dans l'attitude d'un général qui commande de marcher à l'ennemi; où Léonidas, mort aux Thermopyles, avec ses trois cents Spartiates, fut honoré par cette courte et sublime inscription : Passants, *allez dire à Sparte que nous sommes morts ici pour obéir à ses lois.*

Le troisième bas-relief, en suivant toujours l'ordre des temps, reproduit une séance du conseil d'Etat. C'est un groupe de personnages qui ont joué un rôle considérable, à une époque où les talents les plus réels et les plus variés s'étaient comme donné rendez-vous. M. Jouffroy a eu le bon goût de donner aux statuettes réunies de son bas-relief les traits mêmes des hauts dignitaires que le conseil d'Etat comptait alors dans son sein ; ses figures sont des portraits ressemblants. L'Empereur préside la séance, et semble attendre que le conseil se prononce sur la question soumise à ses délibérations.

Pour bien faire comprendre les motifs qui ont déterminé la commisson du monument à choisir une séance du conseil d'Etat, comme sujet d'un des bas-reliefs, il nous paraît convenable d'expliquer le rôle important qui fut dévolu à ce corps illustre dans la Constitution de l'an VIII, après avoir dit deux mots du 18 brumaire.

Le Directoire exécutif était tombé dans la déconsidération et dans le mépris public. On ne lui savait aucun gré des succès de Masséna en Suisse, ni de ceux de Brune en Hollande. L'éclat des victoires de Zurich et de Bergen, qui sauvaient la France de l'invasion des Russes et des Anglais, ne relevait point aux yeux de l'opinion ce gouvernement avili ; il était exclusivement attribué à ces deux généraux. C'était leur gloire personnelle. Cette disposition des esprits à ne pas teuir compte au Directoire des succès obtenus et à lui imputer toutes les défaites et tous les revers, était le signe le plus manifeste et le plus énergique de sa décadence et de sa chute prochaine. Aussi Bonaparte, au retour de sa merveilleuse expéditiond'Egypte, fut-il vivement frappé de l'accueil qu'il reçut en France. Ce n'était pas le vainqueur des Turcs, le héros des Pyramides, du mont Thabor et d'Aboukir, qu'on saluait en lui, mais le libérateur de la France.

Le moment était donc opportum pour renverser un gouvernement impuissant et abolir la Constitution de l'an III. Après le passage toujours violent des Constitutionnels de 1789, aux Girondins, des Girondins aux Montagnards, des Montagnards aux Réacteurs, des Réacteurs au Directoire, du Directoire aux Conseils, il fallait essayer de la force militaire pour rendre au pays le repos et la sécurité qu'il ne connaissait plus. Le 18 brumaire fut la révolution accomplie par l'armée au profit du plus illustre de ses chefs, et de cette révolution date l'élévation de Bonaparte à l'Empire. Le Consulat pour dix ans et le Consulat à vie ne sont que les étapes qui devaient conduire aux Tuileries le glorieux soldat de la république, et l'asseoir sur le plus beau trône du monde.

Bonaparte avait acquis sur les champs de bataille une gloire immense ; mais pour achever de conquérir aux yeux de l'univers toute la renommée d'un grand homme, maître de la destinée de son pays, il voulut se faire législateur et confondre dans sa personne la gloire de César et celle de Justinien. Par une innovation brusque et hardie, il mit son nom à la tête des actes du gouvernement, et réunit sous sa présidence immédiate, une assemblée de jurisconsultes éminents qui devaient travailler à édifier le monument de nos lois civiles; qui, nommés par lui, et ne pouvant être révoqués que par lui, devaient lui être tout dévoués. Dans le choix des hommes appelés à concourir avec le premier consul à la rédaction des codes et aux mesures d'administration publique, on ne tint aucun compte des opinions qui avaient depuis dix ans profondément divisé les esprits. On commençait une ère nouvelle. Toutes les illustrations que la révolution avait révélées, vinrent donc s'asseoir dans cette assemblée qui reproduisait à leurs yeux les luttes de la tribune dans de graves séances où les débats avaient du mouvement et de la grandeur, et où la parole, reportée des discussions irritantes de la politique à l'examen calme et réfléchi des lois et des ordonnances ne revendiquait pas moins son empire.

Consul ou Empereur, le héros des temps modernes, et peut-être de tous les temps, aimait à assister aux séances du conseil et à prendre part à ses travaux. Il se plaisait à mettre les conseillers aux prises les uns avec les autres, soit qu'il voulût juger du mérite de chacun dans ces contreverses brusques et inattendues, où la spontanéité révèle l'étendue et la sagacité de l'esprit, ou faire jaillir une plus vive lumière du choc d'une discussion approfondie. Il entrait souvent lui-même en lutte, et soutenait ses opinions dans une argumentation vive, entraînante, pleine de verve et de saillies. Si la victoire lui restait, elle était péniblement acquise, surtout quand il avait affaire à Treilhard, logicien opiniâtre, qui serrait de près, sans jamais le lâcher, son redoutable contradicteur. Aussi, Napoléon disait-il qu'une victoire remportée sur ce conseiller tenace, sur cet athlète intrépide, lui coûtait plus de peine que le gain d'une bataille.

Napoléon n'avait point étudié les lois; mais son génie les devinait. Les jurisconsultes du conseil d'Etat l'écoutaient avec admiration parler de ces matières étrangères à ses études, en homme qui en eût fait l'affaire de toute sa vie. Ils étaient émerveillés de la profondeur de ses raisonnements, de la justesse de ses vues, de la sagacité ingénieuse de ses interprétations. Doué d'une incroyable puissance d'attention, il passait sans le moindre effort, des discussions les plus méthaphysiques, aux minces détails d'une ordonnance, d'un réglement. Il se rendait, sans prendre le moindre repos d'un conseil d'administration, au conseil d'Etat, du conseil d'Etat au comité des travax publics, pour revenir au conseil d'Etat. Ses conseillers, épuisés de fatigue, cédaient quelquefois au sommeil; lui, il était inaccessible aux besoins du corps ; il n'y avait pour lui ni lassitude, ni faim ; son indomptable volonté dominait sa constitution, comme son génie dominait les hommes.

Le conseil d'Etat était le siége du gouvernemant, et l'âme du 1er Consul et de l'Empereur. Il envoyait, sous les noms d'intendants, ses auditeurs organiser l'administration dans les pays conquis par nos armes; il controlait par ses ministres d'Etat les ministres à porte-feuille ; il soutenait par ses conseillers ordinaires les discussions des lois au tribunat, au Sénat, au Corps législatif; il administrait par ses conseillers en service extraordinaire les douanes, les domaines, les droits réunis, les ponts-et-chaussées, les forêts, l'amortissement, le trésor ; par eux, il levait des impôts sur les provinces de l'Illyre, de la Hollande et de l'Espagne, dictait nos codes à Turin, à Rome, à Naples, à Hambourg, et façonnait à nos mœurs et à nos nos usages les principautés, les duchés, les royaumes dont l'Empereur faisait don aux membres de sa famille ou à ses plus glorieux compagnons d'armes. Le conseil d'Etat, en un mot, c'était l'Empereur lui-même multiplié pour les besoins de son vaste empire, l'âme qu'il animait de son souffle, le corps auquel il donnait l'impulsion pour faire jouer tous les ressorts de l'administration, et porter partout le mouvement et la vie. Le conseil d'Etat est inséparable du Consulat et de l'Empire ; on le trouve à toutes les époques de l'épopée consulaire et impériale, à son origine, à son apogée, à sa chute, mêlé à tous les actes du gouvernement et de l'administration. Voilà pourquoi, en honorant l'Empereur, on rappelle l'institution du conseil d'Etat, une de ses plus belles créations, celle qui contribua le plus à fonder la société nouvelle, puisque c'est dans son sein que fut discuté ce code admirable de nos lois civiles, si justement appelé le code Napoléon.

———

Le quatrième et dernier bas-relief représente l'auguste cérémonie du sacre de l'Empereur, dans l'église métropolitaine de la capitale de la France. C'est la reproduction partielle du tableau peint par le célèbre David. L'Empereur vient de se couronner lui-même, et s'apprête à poser la couronne sur

le front de la compagne de sa fortune, age-
nouillée à ses pieds, Ce bas-relief n'a pas fait
sur les personnes qui l'ont visité la même
impression que les autres; on n'y trouve ni le
même mouvement, ni la même vie. Cela tient
sans doute à la nature du sujet qui, circonscrit
dans les limites d'une fête toute religieuse,
dont le recueillement et la piété constituent
l'essence, se prête moins que les passions aux
grands effets de l'art.

Le consulat à vie ne semblait pas à la société,
remise par le premier consul sur sa base
séculaire, une garantie suffisante contre le
retour des orages de la fin du dernier siècle.
Le pouvoir ne reposant que sur une seule
tête, c'était pour les conspirateurs une ten-
tation perpétuelle de frapper cette tête pour
tout détruire avec elle. Des tentatives crimi-
nelles dirigées contre la vie du chef viager
de l'Etat avaient échoué, il est vrai ; mais
elles pouvaient se renouveler, on devait le
craindre, et l'intérêt de la société comman-
dait des mesures qui missent à l'abri d'une
balle, d'un poignard, d'une machine infer-
nale les jours du premier Consul, si nécessaires au repos et à la sécurité de la France.
L'hérédité du pouvoir se présentait à tous
les esprits comme une nécessité de la situation. Les corps de l'Etat, les chefs de l'armée,
les conseils généraux, les villes-mêmes se

rendaient les organes des vœux de la nation, et le 16 mai 1804, le sénat adopta un sénatus-consulte, qui transformait en monarchie héréditaire, la monarchie temporaire, issue du coup d'Etat du 18 brunaire.

L'archichancelier Cambacérès, en présentant le sénatus-consulte à celui dont il était la veille le collègue, et dont il devenait alors le sujet respecteux, prononça ces paroles, qui, vraies alors, l'étaient encore un demi-siècle plus tard : « Le peuple Français ne » prétend point s'ériger en juge des consti- » tutions des autres peuples; il n'a point de » critique à faire, point d'exemples à suivre; » l'expérience devient désormais sa leçon.

» Il a pendant des siècles goûté les avan- » tages attachés à l'hérédité du pouvoir; » il a fait une expérience courte, mais péni- » ble du système contraire; il rentre par » l'effet d'une délibération libre et réfléchie, » sous un régime conforme à son génie. Il » use librement de ses droits pour déléguer » à votre majesté impériale une puissance » que son intérêt lui défend d'exercer par » lui-même. Il stipule pour les générations » à venir, et, par un pacte solennel, il con- » fie le bonheur de ses neveux à des rejetons » de votre race. »

Heureuse la nation qui, après tant de secousses, trouve dans son sein un homme capable d'apaiser la tempête des passions, de concilier tous les intérêts et tous les droits, de réunir toutes les voix !

Dans la réponse que l'Empereur adressa au sénat, nous remarquons ces belles paroles qui furent couvertes d'acclamations réitérées: « Dans tous les cas, mon esprit ne serait » plus avec ma postérité le jour où elle » cesserait de mériter l'amour et la confiance » de la grande nation. »

Proclamé par le Sénat, l'Empereur résolut de demander à la religion la consécration de sa nouvelle dignité, et de réunir dans une même solennité le couronnement et le sacre. C'était une pensée hardie dans un temps où les temples étaient à peine rouverts, le culte à peine rétabli ; où les idées religieuses s'étaient à peine dégagées de la violente oppression exercée contre elles pendant les douze dernières années. Toutefois l'idée de soumettre en quelque sorte à l'église l'avènement au trône du nouveau César, souleva de vives répugnances au sein du conseil d'Etat où le projet fut discuté en toute liberté. On disait que c'était relever toutes les prétentions du clergé, proclamer une religion dominante, faire supposer que l'Empereur nouvellement élu tenait sa couronne, non du vœu de la nation et des exploits de l'armée, mais de l'église ; que c'était méconnaître les droits d'un peuple, et rabaisser la puissance qu'il délègue, que de la faire en quelque sorte dépendre de la bonne volonté d'un évêque ou du Pape ; que d'ailleurs consentir à recevoir la couronne de quelqu'un, c'est lui reconnaître le droit de la retirer. L'Empereur impatienté des objections faites contre une cérémonie qui lui paraissait sans danger pour sa puissance, et de nature à frapper vivement les esprits en France et en Europe, s'écria : Vous délibérez à Paris, aux Tuileries : mais supposez que vous délibérassiez à Londres, dans le cabinet britannique, que vous fussiez en un mot les ministres du roi d'Angleterre, et qu'on vous apprît que le Pape passe en ce moment les Alpes pour sacrer l'Empereur des Français ; regarderiez vous cela comme un triomphe pour l'Angleterre ou pour la France ? Cette apostrophe si directe et si vive coupa court à la discussion, et le voyage en France du souverain Pontife fut résolu.

Là pourtant n'était pas la plus grande difficulté. L'ascendant que l'Empereur exerçait sur les corps constitués, sur l'armée, sur la nation toute entière, lui rendait facile une victoire sur l'opinion qui, confondant des époques très-différentes, craignait de voir renaître une nouvelle lutte du sacerdoce et de l'Empire. Mais comment décider le Pape à transporter de Rome à Paris une cérémonie que l'usage constant fixait dans la basilique de Saint Pierre. L'histoire ne fournissait aucun exemple d'un Pape quittant sa capitale, pour aller verser l'huile sainte sur la tête d'un monarque, au sein de ses Etats. Tous les empereurs d'Allemagne, sans exception, s'étaient rendus à Rome pour se faire sacrer. Charlemagne lui-même, malgré les incontestables services qu'il avait rendus au Saint-Siége, avait été soumis à la règle commune. On ne pouvait s'autoriser du sacre de Pépin-le-Bref, qui avait eu lieu en France. On savait que le pape Etienne III n'était venu en France que pour réclamer des secours contre les Lombards, et non dans le but arrêté d'avance, de sacrer le prince dont il sollicitait l'appui. Amener le Pape à Paris, transporter dans cette capitale la cérémonie du sacre, en dépit de tous les usages et de tous précédents contraires, c'était assurément une chose fort difficile. Mais elle souriait à l'imagination de l'Empereur qui aimait le merveilleux, et qui comptait sur les séductions de son génie pour triompher de tous les obstacles.

La négociation néanmoins fut longue et laborieuse. Il fallait un grand art et un heureux mélange de fermeté et de douceur pour vaincre les préjugés, les scrupules et l'inertie de la cour romaine. A la première ouverture qui lui fut faite des désirs de Napoléon, le Pape fut saisi et agité des sentiments les plus contrai.es. Il voyait dans la démarche qui lui était demandée, une occasion excellente de rendre à la religion de nouveaux services ; mais il redoutait l'effet fàcheux que produirait en Europe, et surtout en Autriche, sa condescendance à l'égard d'un monarque de date toute récente, d'un prince illegitime, d'un usurpateur, comme on appelait Napoléon dans un certain monde. Les cardinaux divisés sur la convenance du voyage du Pape à Paris, augmentaient les perplexités du Saint-Père. Il consentit enfin à partir. La cérémonie du sacre avait été fixée au 2 décembre.

Depuis un mois, tout était prêt à Notre-Dame. L'église était décorée avec une magnificence sans égale. Le Pape, en vertu du cérémonial arrêté d'avance, arriva le premier et alla se placer sur un trône préparé pour lui, à droite de l'autel. A son entrée, tous les assistants se levèrent et les musiciens entonnèrent le chant consacré : Tu es Petrus, qui produisit un effet prodigieux. Les prélats de l'église française, qui tous avaient été invités à la cérémonie, vinrent successivement saluer l'auguste Pontife, qui témoigna à tous la même bienveillance.

L'Empereur se rendit dans la vieille basi-

lique de Saint-Louis, dans une magnifique
voiture tout entourée de glaces, surmontée
par des génies qui tenaient une couronne.
Il était escorté de ses maréchaux à cheval,
et précédé des hauts dignitaires de l'Empire.
Le cortége s'avança lentement, au milieu
des acclamations d'un peuple immense, jusqu'à l'évêché où Napoléon s'arrêta un moment pour y prendre la couronne, le sceptre
et le manteau impérial. Dans l'ancien cérémonial des sacres, les monarques allaient
à l'église, sans aucun des insignes du pouvoir, et ils les recevaient de la main du Pontife. Napoléon ne voulut point se soumettre
à cet usage ; il cousentait à être béni, consacré, mais non couronné par le Pape. Lorsqu'il eut pris place au fauteuil qui lui avait été
préparé, on déposa sur l'autel la couronne,
le sceptre, l'épée et le manteau, puis la cérémonie commença. Le Pape, après avoir fait
sur Napoléon les onctions d'usage, bénit le
spectre qu'il lui remit en main, et l'épée
qu'il lui ceignit, et s'approcha pour prendre
la couronne, qu'il comptait bien placer
lui-même sur la tête du nouveau monarque,
suivant le rit usité dans tous les temps. Mais
l'Empereur qui observait tous ses mouve-
ments, prit la couronne des mains du Pape,
et se la posa lui-même sur le front. Ensuite,
il couronna Joséphine qui, à genoux à ses

pieds, versait des larmes abondantes. Elle
avait craint un moment de ne point partager
avec l'Empereur toutes les faveurs dont la
fortune le comblait, et la douleur qu'elle
avait ressentie d'être sacrifiée aux exigences
de la politique ajoutait en ce moment à son
émotion et la rendait plus touchante.

———

Nul ne prévoyait alors que ce trône
relevé par la victoire au profit de son
plus cher favori s'écroulerait onze ans
plus tard. Etrange vicissitude des
choses humaines ! La révolution af-
faissée sous ses orages, avait abdiqué
entre les mains du génie, et le génie
couronné, succombant sous le poids
de ses entreprises héroïques alla s'é-
teindre, au-delà des mers, dans un
long et douloureux exil. Puis encore,
après d'autres profondes secousses,
ce même trône qui avait manqué sous

les pieds de l'empereur Napoléon Ier, s'est redressé avec un éclat nouveau et aux acclamations de France, sous la main réparatrice de Napoléon III.

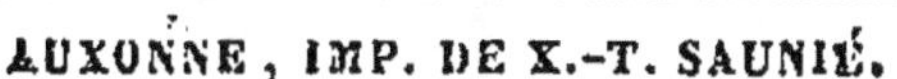

AUXONNE, IMP. DE X.-T. SAUNIÉ.

www.ingramcontent.com/pod-product-compliance
Lightning Source LLC
Chambersburg PA
CBHW061320060726
47596CB00003B/1002